RAPPORT

DE LA

COMMISSION DE CODIFICATION DES LOIS OUVRIÈRES

SUR LE LIVRE III : DES GROUPEMENTS PROFESSIONNELS

RAPPORTEUR : M. **Arthur FONTAINE**

DIRECTEUR DU TRAVAIL AU MINISTÈRE DU COMMERCE, DE L'INDUSTRIE
DES POSTES ET DES TÉLÉGRAPHES.

Le plan du Livre III du Code du travail avait été tracé par la Commission au début de ses travaux. Le rapport général de M. Louis Ricard, président, divisait ce livre en quatre titres :

TITRE Ier. — Des coalitions et des grèves ;

TITRE II. — Des syndicats professionnels ;

TITRE III. — Des sociétés ouvrières de production ;

TITRE IV. — Des pénalités.

Au cours des discussions sur le projet de codification établi par le rapporteur d'après ces bases, la Commission a décidé de distraire du titre II les Bourses du travail et de leur réserver un titre spécial.

Actuellement, à la vérité, les Bourses du travail sont presque toutes des

---

(1) La Commission de codification des lois ouvrières est composée de MM. Louis Ricard, ancien Garde des Sceaux, *Président;* Bourguin, professeur adjoint à la Faculté de Droit de Paris; Chapsal, maître des requêtes au Conseil d'État, Directeur du Commerce et de l'Industrie au Ministère du Commerce; Dubief, député, président de la Commission du travail; Duboin, Conseiller à la Cour de cassation; Fontaine (Arthur), directeur du Travail au Ministère du Commerce; Girard, sénateur; Groussier, ancien député; Jay, professeur à la Faculté de droit de l'Université de Paris; La Borde, conseiller à la Cour de cassation; de Mouy, conseiller d'État; Paulet (Georges), directeur de l'Assurance et de la Prévoyance sociale au Ministère du Commerce; Strauss, sénateur; Vel-Durand, conseiller d'État. — *Secrétaires :* MM. Bourdeaux, juge suppléant au Tribunal civil de la Seine; Brice, docteur en droit, chef de bureau au Ministère du Commerce; Petit, docteur en droit, avocat à la Cour d'appel de Paris.

1

Unions de syndicats professionnels vivant sous le régime de la loi du 21 mars 1884. Et, d'autre part, aucun texte de loi spécial ne vise les autres bourses; un décret seulement, celui du 17 juin 1900, règle l'organisation de la Bourse du travail de Paris.

Il a paru à la Commission qu'un grand nombre de Bourses du travail n'étaient pas destinées à rester uniquement des Unions de syndicats professionnels au sens de la loi de 1884; qu'elles étaient l'embryon de l'organisation ouvrière locale; qu'elles étaient destinées à grouper les initiatives ouvrières en matière de placement, de cours professionnels, de bibliothèques, de secours de chômage et de route, de consultations juridiques, etc.; qu'elles pourraient tenir un jour dans l'organisation ouvrière une place analogue à celle que les Chambres de commerce se sont peu à peu créée par les services rendus dans l'organisation industrielle et commerciale. Pour ce rôle, il ne suffirait peut-être pas aux Unions de la personnalité civile plus étendue que prévoit pour elles le projet de la Commission du travail de la Chambre des députés. Le passé nous indique qu'elles auront besoin d'immeubles municipaux, de subventions annuelles importantes pour des services d'intérêt général; qu'elles devront ouvrir certains services à tous les ouvriers, syndiqués ou non. Déjà des règles ont été formulées par des actes du pouvoir exécutif pour l'emploi des subventions, la gestion des immeubles et le fonctionnement des services publics. En dehors du décret du 17 juin 1900, nous citerons la circulaire du 10 octobre 1901 du Ministre de l'Intérieur. Il est vraisemblable qu'un jour ou l'autre, en matière aussi délicate, le Parlement tiendra à définir lui-même les règles de l'action administrative.

Quoi qu'il en soit, la Commission s'est trouvée amenée, tant par la nature des Bourses que par l'existence de textes réglementaires, à réserver un titre, « des Bourses du travail », sous lequel ne figure actuellement aucun texte de loi.

Le plan du livre, tel qu'il a été arrêté, comprend donc cinq titres : I. Des coalitions et des grèves; II. Des Syndicats professionnels; III. Des Bourses du travail; IV. Des Sociétés ouvrières de production; V. Des pénalités. Viennent ensuite les dispositions transitoires relatives aux abrogations, d'une part, à l'Algérie et aux colonies, d'autre part; des explications ont été fournies à leur sujet dans les rapports concernant les livres précédents.

La matière à codifier d'après ce plan est peu considérable. La partie essentielle en est, actuellement, la loi du 21 mars 1884 sur les syndicats professionnels. Encore cette loi est-elle destinée sans doute à être prochainement revisée.

La Commission a pensé, cependant, qu'elle ne devait pas remettre à une date ultérieure son projet de codification. Outre l'intérêt qu'il y a à faire ressortir en diverses matières certaines lacunes de la législation, elle a cru que son travail pourrait, même en ce qui concerne la loi de 1884, faciliter la prochaine revision au lieu de l'entraver. Les modifications projetées par la Commission de la Chambre des députés sont en harmonie avec le cadre qu'elle présente et s'y intercaleront, le cas échéant, sans difficulté. D'autre part, elle signale certaines obscurités que le législateur pourrait lever par un texte précis, en même temps qu'il procédera à la refonte de la loi.

RÉPUBLIQUE FRANÇAISE

MINISTÈRE DU COMMERCE, DE L'INDUSTRIE,
DES POSTES ET DES TÉLÉGRAPHES

DIRECTION DU TRAVAIL

COMMISSION DE CODIFICATION DES LOIS OUVRIÈRES

CODE DU TRAVAIL
ET DE LA PRÉVOYANCE SOCIALE

LIVRE III
Des groupements professionnels

RAPPORTEUR : M. ARTHUR FONTAINE

PARIS
IMPRIMERIE NATIONALE

1904

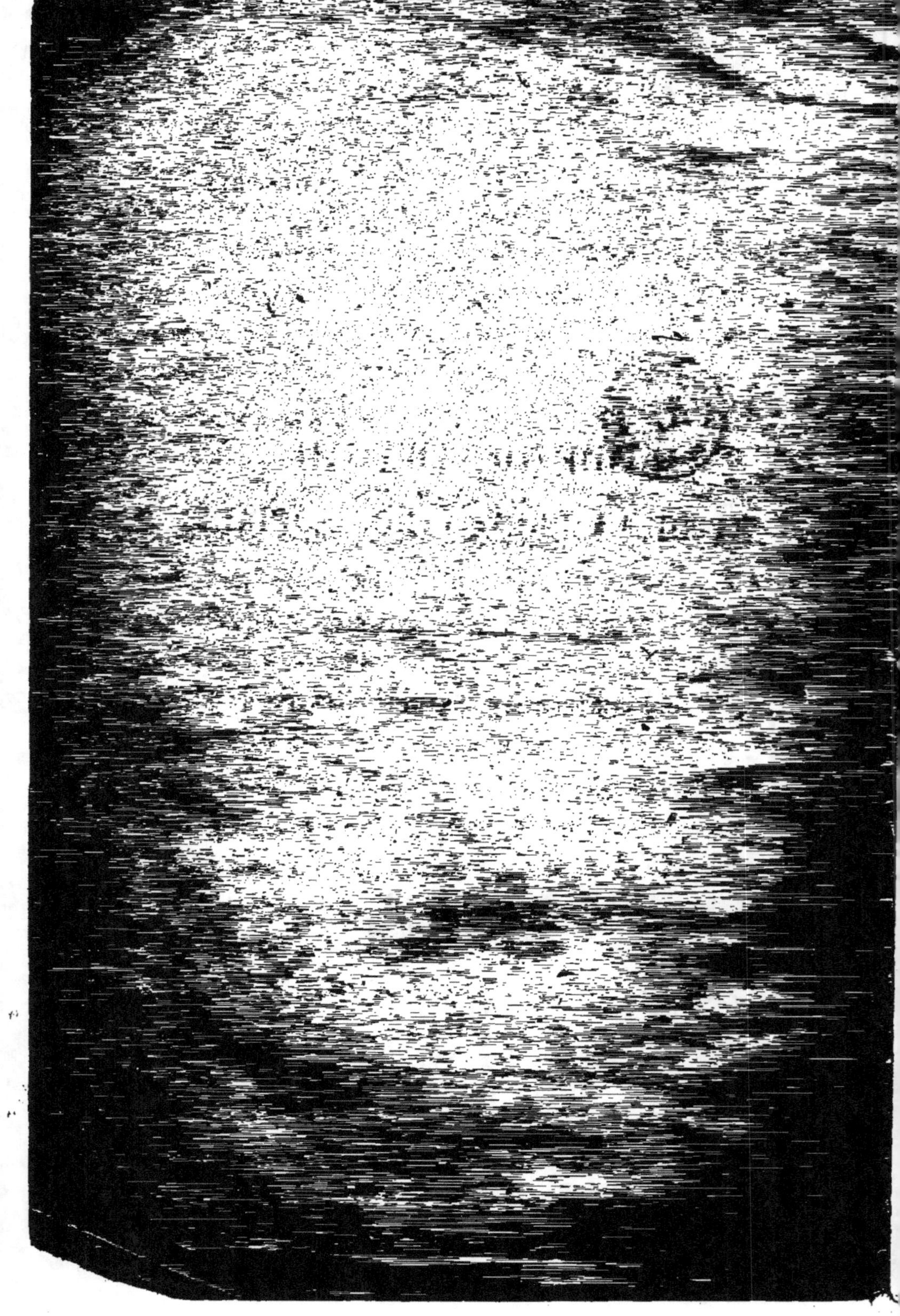

Titre Ier. — *Des coalitions et des grèves.*

Il n'existe sur les coalitions et grèves que les dispositions pénales reprises au titre V. La grève n'est pas définie légalement.

Titre II. — *Des Syndicats professionnels.*

Le texte de la loi de 1884 a été très peu modifié dans sa forme.

L'article 1er de la loi contenait dans son paragraphe 1er des abrogations qui sont rappelées à la fin du livre, et, dans son paragraphe 2, des dispositions qui n'ont plus de raison d'être depuis la mise en vigueur de la loi du 1er juillet 1901.

L'article 2 de la loi portait l'empreinte manifeste des interdictions portées à l'article 291 du Code pénal, aujourd'hui abrogé. On y a repris, pour former l'article 1er du Livre, la définition textuelle des syndicats professionnels. L'article 2 du livre énonce, dans les mêmes termes que l'article 3 de la loi, l'objet des syndicats professionnels. Et les formalités de la constitution, y compris la dispense de toute autorisation qui figurait à l'article 1er de la loi de 1884, sont transcrites aux articles 3 et 4 du livre.

On n'a pas cru devoir insérer dans le Code l'article 13 de la loi du 30 novembre 1892 sur l'exercice de la médecine, article qui affirme la légalité des syndicats de médecins, chirurgiens, dentistes, sages-femmes. La Commission a estimé qu'il ne s'agissait point là de droit ouvrier, et qu'il fallait laisser cette disposition avec l'interdiction *spéciale* qu'elle formule pour les associations de défendre les intérêts des syndiqués à l'égard de l'État, des départements et des communes, dans les règles *spéciales* à l'exercice de la médecine. On peut penser d'ailleurs que l'insertion de cet article consacrerait inutilement une interprétation restrictive, et actuellement encore discutée par beaucoup d'auteurs, de la loi du 21 mars 1884 ; elle consacrerait l'interprétation qui refuse aux professions libérales et à tous ceux qui ne se livrent pas à des opérations industrielles, commerciales ou agricoles, le bénéfice de la loi du 21 mars 1884.

Dans son remarquable rapport sur la réforme de la loi des Syndicats professionnels, M. Barthou, député, repousse avec d'excellents arguments cette interprétation restrictive qui toujours avait été combattue par le père de la loi, M. Waldeck-Rousseau. Pour prévenir les surprises d'une jurisprudence encore hésitante, il propose de dire formellement : « La loi est applicable aux professions libérales et aux ouvriers et employés de l'État, des départements, des communes et des établissements publics, qui ne détiennent aucune portion de la puissance publique. » N'eût été cette proposition qui est aujourd'hui rapportée devant la Chambre des députés, la Commission eût recommandé, pour atteindre le même but, la simple suppression, dans la loi du 21 mars 1884, des mots qui ont fait hésiter la jurisprudence. Ce sont à l'article 2 du livre, les mots « industriels, commerciaux et agricoles », en sorte que le texte rectifié serait : « Les Syndicats professionnels ont exclusivement pour objet l'étude et la défense des intérêts économiques. » Ce sont, à l'article 9 du livre, qui reproduit l'article 5 de la loi de 1884, les mêmes mots « industriels, commerciaux et agricoles » appliqués aux intérêts défendus par les Unions de syndicats. Ce sont, enfin, les mots « de patrons et d'ouvriers » qui, à l'article 6 de la loi du 21 mars 1884 codifié sous le même numéro dans notre livre, qualifient les syndicats professionnels ayant le droit d'ester en justice. Peut-être ces suppressions ne seraient-elles pas inutiles à l'harmonie des dispositions légales, après le vote même de la disposition si nette introduite par la Commission du travail de la Chambre des députés.

La Commission de codification propose d'ailleurs, à titre immédiat, dans le texte codifié, la suppression à l'article 6 des mots « de patrons et d'ouvriers ». Cette suppression, à elle seule et dégagée des deux autres, n'est pas de nature à modifier le sens de la loi ni à préciser la jurisprudence sur la question de fond qui vient d'être envisagée. Mais il a paru que le texte actuel était incorrect. Ce ne sont pas les seuls syndicats de patrons et d'ouvriers qui ont le droit d'ester en justice, ce sont tous les syndicats légalement et régulièrement constitués, définis aux articles 1 et 2 du livre. En particulier, ce droit ne saurait être contesté aux syndicats d'employés.

A l'article 7, qui reproduit les paragraphes 4, 5, 6, 7 de l'article 6 de la loi du 21 mars 1884, la Commission place en tête un paragraphe nouveau de pure forme : « Les syndicats peuvent accomplir tous actes conformes à l'objet de leur *institution* tel qu'il est défini à l'article 2 et notamment.... » Il a paru correct de faire précéder de cette définition générale l'énumération d'attributions fournie par les paragraphes suivants, qui est empruntée à la loi de 1884. Cette énumération, en effet, par le seul fait qu'elle contient un paragraphe au moins (1) rentrant expressément dans la définition de l'article 2 a une apparence limitative contraire à l'esprit de la loi en ce qui concerne la défense et l'étude des intérêts professionnels.

La Commission s'était demandée si les paragraphes 4 et 5, article 6 de la loi du 21 mars 1884, codifiés aux paragraphes 2 et 3, article 7 du livre, devaient être maintenus malgré le vote des lois du 1er avril 1898 sur les sociétés de secours mutuels et du 14 mars 1904 sur le placement des ouvriers, employés et domestiques.

Il lui a paru que oui.

En ce qui concerne les caisses spéciales de secours mutuels et de retraites fondées par les syndicats, il semble que le principal avantage de la disposition inscrite à l'article 6 paragraphe 4 de la loi de 1884 fût de dispenser ces caisses de l'autorisation du Ministre de l'Intérieur; les sociétés de secours mutuels devaient être ou bien déclarées d'utilité publique ou approuvées en conformité du décret-loi organique du 26 mars 1852, ou bien autorisées en vertu de l'article 291 du Code pénal. Ce paragraphe disait: « Les syndicats peuvent, *sans autorisation*, mais en se conformant aux *autres* dispositions de la loi, constituer entre leurs membres des caisses spéciales de secours mutuels et de retraite. » A cet égard, la circulaire du Ministre de l'Intérieur, en date

---

(1) Ils peuvent être consultés sur tous les différends et toutes les questions se rattachant à leur spécialité.

du 25 août 1884, s'exprimait clairement en ces termes : « Il a été entendu que la loi du 21 mars dernier laissait subsister (sauf la nécessité de l'autorisation préalable) toute la législation relative à ces sociétés. Si donc rien ne s'oppose à ce que les membres d'un syndicat professionnel forment entre eux des sociétés de secours mutuels avec ou sans caisse de retraites, il demeure évident que ceux qui voudraient bénéficier des avantages réservés aux sociétés de secours mutuels approuvées ou reconnues, devraient se pourvoir conformément aux lois spéciales sur la matière. »

La loi du 1er avril 1898 ayant reconnu les sociétés *libres* de secours mutuels, fondées sans autorisation ni approbation, il est évident que dans le texte de la loi syndicale les mots « sans autorisation » n'ont plus aucun sens utile et doivent être supprimés. Mais le reste du paragraphe doit-il subsister? La Commission pense que le paragraphe rectifié n'est pas inutile. Il permet, tout en constituant le fonds de secours mutuels en une caisse absolument distincte et spéciale, de laisser fondus le syndicat et la société de secours mutuels en une personnalité juridique unique. C'est parfois un avantage pour le syndicat professionnel, c'est en tous cas une faculté que le législateur a entendu expressément lui réserver, puisque la loi du 1er avril 1898 dit dans son article 40 : « Les syndicats professionnels constitués légalement aux termes de la loi du 21 mars 1884, qui ont prévu dans *leurs* statuts (les statuts du syndicat) les secours mutuels entre leurs membres adhérents, bénéficieront des avantages de la présente loi, à la condition de se conformer à ses prescriptions. »

Il ne sera peut-être pas inutile de rappeler ici qu'il n'est pas interdit à un syndicat de distribuer des secours à ses membres, sur ses ressources *générales*, sans se conformer à la loi de 1898 et sans bénéficier de ses avantages, c'est ce qui ressort *a contrario* de l'article 40 précité. Il n'y a pas alors de caisse spéciale et l'on n'est pas dans le cas visé par le paragraphe 4 de l'article 6 de la loi syndicale (1). Dans ce cas, les statuts ne doivent prévoir, semble-t-il, ni cotisation spéciale, ni engagement ferme, car le syndicat, en tant que syndicat, ne peut poursuivre un but lucratif. La jurisprudence n'a pas encore dégagé nettement, par un arrêt de Cassation, les conditions caractéristiques de l'espèce. On rappellera, incidemment, qu'on se heurte à des difficultés analogues, pour définir les cas où le syndicat agricole peut acheter au nom de ses membres et les cas où doit être constituée une société coopérative tout à fait distincte, sous le régime de la loi de 1867 (2).

En ce qui concerne les offices de placement gratuit (offices de renseignement pour les offres et les demandes de travail de la loi de 1884), il paraît que la situation antérieure à la loi du 14 mars 1904 a été légèrement modifié par cette loi. Elle impose en effet expressément au syndicat une *déclaration*, s'il veut faire le placement du personnel dans la corporation. Et, bien

---

(1) Arrêt de la Cour de Bordeaux, 27 octobre 1902, cité au Bulletin de l'Office du travail, mai 1903, page 394.

(2) On peut rappeler aussi que le fait pour un syndicat de créer des assurances mutuelles agricoles, ne donnant lieu à aucun bénéfice, n'a pas paru strictement légal ; une loi du 4 juillet 1900 est intervenue pour ces caisses mutuelles.

que cette déclaration puisse à la rigueur résulter du simple dépôt des statuts syndicaux, s'ils mentionnent le placement, il n'y en a pas moins là une obligation positive nouvelle. Il faut donc modifier dans le code le texte de la loi de 1884 et mentionner que les offices fonctionnent « dans les conditions déterminées par le titre IV du livre I » : c'est le titre sous lequel est codifiée la loi du 14 mars 1904.

Mais, alors, le texte de l'alinéa n'ajoute rien à ce qui est dit sous le titre IV du livre I en ce qui concerne le placement syndical. La Commission estime cependant utile le rappel de cette attribution syndicale essentielle, sous le titre spécialement consacré aux syndicats, dans l'énumération de leurs attributions.

On voit que les changements de rédaction apportés aux paragraphes 4 et 5 de la loi de 1884 résultent expressément du vote de deux lois ultérieures.

La Commission s'était demandé si, à titre subsidiaire, en 3e colonne, sans l'insérer dans le texte codifié, il ne serait pas opportun de suggérer une addition à l'article 7 du livre. Elle a discuté longuement le texte suivant :

« Les syndicats peuvent en leur nom, dans l'intérêt soit de l'ensemble soit d'une catégorie de leurs membres, conclure des conventions relatives aux divers buts assignés par la loi à leur activité et notamment aux conditions du travail qu'ils s'engagent à respecter : les patrons pour tout ou partie du personnel qu'ils emploient, les ouvriers et employés dans tout ou partie des établissements où ils sont appelés à travailler. Ils sont recevables dans l'action intentée contre les autres parties du contrat ou contre leurs propres membres, à fin d'exécution de ces conventions ou pour réparation du dommage causé par leur violation à l'intérêt commun des syndiqués. »

Ce texte est conforme dans son esprit aux conclusions auxquelles sont arrivés actuellement les tribunaux en matière de convention syndicale; il serait bien utile de faire passer dans la loi elle-même les conséquences tirées de la législation actuelle par la jurisprudence et la pratique syndicale, en raison de la difficulté que présente l'interprétation de cette jurisprudence assez délicate.

La Commission a finalement décidé de ne faire aucune proposition; le contrat collectif de travail n'étant pas défini au livre 1er, il lui a paru prématuré de préciser au livre III la portée des conventions syndicales. Elle a craint, opérant sur des cas particuliers sans avoir défini les principes généraux, de ne pas faire œuvre utile. Elle a voulu cependant qu'il restât trace dans le rapport des idées qui lui avaient paru justes ainsi que du texte qui les résume et qu'elle ne trouve pas opportun de transformer actuellement en loi (1).

---

(1) Un premier texte discuté par la Commission portait : « Ils peuvent, en leur nom, conclure des conventions soit dans l'intérêt général de la profession, soit dans l'intérêt de l'ensemble ou de certaines catégories de leurs membres. »

« En leur nom » signifie que le syndicat traite en son nom sous sa responsabilité, comme personne morale tenant ses droits des statuts et non comme mandataire devant recevoir une autorisation de chacun de ses membres.

Les mots « dans l'intérêt de l'ensemble de leurs membres » ne comportent aucune explication, c'est le rôle évident du syndicat de traiter dans l'intérêt de l'ensemble de ses membres.

La Commission de codification a inscrit sous l'article 9 du livre, après les textes relatifs aux syndicats, ceux relatifs aux droits des unions : dans la loi de 1884, ceux-ci étaient intercalés, sous l'article 5, parmi les articles définissant la personnalité et les droits des syndicats. Cette modification facilitera la codification ultérieure des textes relatifs aux unions, pour lesquelles de nombreuses propositions de lois, ainsi que le projet de la Commission du travail de la Chambre des Députés, prévoient un très notable accroissement de droits.

Nous devons signaler que l'article 5 de la loi de 1884 s'exprime en termes trop vagues sur les formalités qui président à la constitution des unions. Il dit : « Les unions devront faire connaître, conformément au deuxième paragraphe de l'article 4, les noms des syndicats qui les composent. » Or le deuxième paragraphe de l'article 4 de la loi de 1884 dit seulement : « Le dépôt aura lieu à la mairie de la localité où le syndicat est établi, et à Paris, à la préfecture de la Seine. » L'Administration a conclu des mots « Ce dépôt » qu'il y avait lieu de demander aux unions le dépôt auquel dans l'article 4 se rapporte l'adjectif *ce*, à savoir : les statuts et les noms de ceux qui, à un titre quelconque, seront chargés de l'administration ou de la direction. Elle demande ces pièces avec les noms des syndicats qui composent l'Union. Le

---

Mais s'il n'est pas du rôle des syndicats de traiter au nom d'un de leurs membres, dans son intérêt individuel (*à moins* d'intervenir comme mandataire régulièrement autorisé de ce membre et non plus en leur nom propre), on conçoit fort bien qu'un syndicat ait à conclure des conventions d'ordre général en son nom, dans l'intérêt de certaines catégories de ses membres. Par exemple, la loi de 1884 reconnaît comme licite une association de membres concourant à l'élaboration d'un même produit. Dans une mine, il y aura piqueurs, boiseurs, rouleurs, machinistes, ouvriers des ateliers de réparation. L'association qui les comprend légalement pourra conclure valablement une convention ne visant que les rouleurs ou les machinistes ou tels autres.

Restaient les termes « *soit* dans l'intérêt général de la profession ». Après discussion, il parut qu'ils étaient inutiles, car le syndicat ne peut traiter dans l'intérêt général de la profession que si c'est en même temps l'intérêt de l'ensemble ou de certaines catégories de ses membres.

Doit-on dire simplement alors : « Ils peuvent, en leur nom, conclure des conventions dans l'intérêt de l'ensemble ou de certaines catégories de leurs membres. »

Mais il est à craindre qu'un texte ainsi rédigé ne paraisse réduire la jurisprudence actuelle et n'autoriser pas des accords plus généraux actuellement en usage. Il arrive qu'un syndicat ouvrier traite avec un groupe de patrons, que *chacun* de ces patrons signe l'accord et que l'accord stipule un salaire minimum déterminé pour tous les ouvriers d'une catégorie professionnelle dans les établissements des signataires.

En particulier, la célèbre convention d'Arras stipule pour tous les mineurs syndiqués ou non, elle déclare que dans les entreprises de mines ayant signé l'accord le salaire moyen de tous les mineurs syndiqués ou non, de chaque entreprise, doit ressortir à un taux déterminé.

Si l'on devait admettre que le syndicat ne pourra pas ester en justice pour faire respecter une telle convention, c'en serait fait des conventions syndicales dont la portée serait nulle. Il faut que le syndicat puisse ester en justice pour obtenir l'application d'une telle convention, à charge seulement pour lui de prouver que du fait de l'inobservation de la convention il éprouve un dommage, que l'ensemble ou une catégorie de ses membres, directement ou par répercussion, éprouvent un dommage.

Ces explications suffiront à faire connaître le point de vue de la Commission et à commenter le texte rappelé dans le rapport à titre d'indication.

dépôt est renouvelé à chaque changement; communication en est donnée au procureur de la République; bref tout l'article 4 est considéré comme applicable aux Unions.

Si l'on veut dire seulement que les Unions doivent déposer à la mairie les noms des syndicats adhérents, l'expression *conformément* (conformément au 2ᵉ paragraphe de l'article 4) n'est pas très claire; il vaudrait mieux répéter les expressions du paragraphe 2 de l'article 4 et dire : « Les Unions doivent faire connaître à la mairie de la localité où le syndicat est établi et à Paris à la préfecture de la Seine les noms des syndicats qui les composent. » Si l'on voulait inscrire dans le texte codifié l'interprétation administrative qui a réglé jusqu'à ce jour les formalités de constitution des Unions, il faudrait dire : « les unions devront se conformer aux prescriptions des articles 4 et 5 (articles du titre qui reproduisent l'article 4 de la loi de 1884), et déposer dans les mêmes conditions les noms des syndicats qui les composent ».

Nous pensons que la seconde rédaction s'imposera si le législateur donne aux unions la personnalité civile avec des droits plus ou moins étendus; on ne concevrait pas que des unions douées de la personnalité civile et d'un certain droit de posséder ne fussent pas assujetties aux mêmes formalités que les syndicats et que les associations fondées sous le couvert de la loi de 1901 et douées de la personnalité civile.

A titre transitoire, la Commission a décidé que le texte actuel ne pouvait être modifié dans le travail de codification, parce que l'une ou l'autre des interprétations soulèveraient des difficultés de fond qu'elle n'a pas mission de résoudre.

Les autres titres du livre ne donnent lieu qu'à de courtes observations.

Titre III. — *Des bourses du travail.*

Nous n'avons rien à ajouter à ce qui a été dit sur ce sujet au début de notre rapport.

Titre IV. — *Des sociétés ouvrières de production.*

Ces sociétés sont actuellement établies en conformité de l'article 19 du Code de commerce ou de la loi du 24 juillet 1867. Un projet de loi les concernant est pendant devant le Sénat; il a trait aux sociétés coopératives en général, quel que soit leur objet. Une proposition de loi a été déposée, à la fin de 1904, à la Chambre des Députés, par M. Doumer et plusieurs de ses collègues; elle vise les associations ouvrières de production et la participation aux bénéfices.

On a compris dans la codification le décret du 4 juin 1888 applicable à l'État et aux départements. Ce décret ayant pris force de loi (loi du 29 juillet 1893) en ce qui concerne les travaux communaux, il a paru qu'il y avait lieu de l'insérer dans le Code. La loi du 29 juillet 1893 est, en effet, ainsi conçue :

« Art. 1er. — Les associations d'ouvriers français sont admises aux adjudications des travaux communaux dans les conditions déterminées par le décret du 4 juin 1888 relatif à la participation des sociétés françaises d'ouvriers aux adjudications et marchés passés au nom de l'État. »

Un avis du Conseil d'État en date du 27 juin 1899 a expressément déclaré que le décret du 4 juin 1898 était applicable aux départements.

Titre V. — *Des pénalités.*

On n'a rien à ajouter à l'observation placée dans le corps du texte ci-après en regard de l'article 19.

DIVISION DU LIVRE.

LIVRE III. — DES GROUPEMENTS PROFESSIONNELS.

TEXTES CODIFIÉS DANS LE LIVRE III.

Loi du 21 mars 1884 sur les syndicats professionnels.

Loi du 29 juillet 1893 étendant aux communes les dispositions du décret du 4 juin 1888 sur l'admission des sociétés ouvrières de production aux marchés de travaux ou de fournitures à passer pour le compte de l'État; décret du 4 juin 1888.

Articles 414 et 415 du Code pénal.

LIVRE III. — Des groupements professionnels.

TEXTE CODIFIÉ (1).	LOIS en VIGUEUR.	MODIFICATIONS PROPOSÉES subsidiairement.	OBSERVATIONS.
TITRE Iᵉʳ. — Des coalitions et grèves.			
			Il n'existe sur les coalitions et grèves que des dispositions pénales reprises au titre V.
TITRE II. — Des syndicats professionnels.			
1. — Les syndicats *professionnels sont des associations composées* de personnes exerçant la même profession, des métiers similaires ou des professions connexes concourant à l'établissement de produits déterminés.	Loi du 21 mars 1884, art. 2 (début). Texte modifié.		L'article 1 de la loi du 21 mars 1884 est une énumération de lois abrogées qu'on retrouvera en fin du présent Livre. — L'article 2 de la même loi se trouve reproduit dans les articles 1 et 3 du Code, avec les modifications qui résultent de l'abrogation générale en 1901 des articles 291 et suivants du Code pénal et de la loi du 10 avril 1834.
2. — Ils ont exclusivement pour objet l'étude et la défense des intérêts économiques, industriels, commerciaux et agricoles.	Loi du 21 mars 1884, art. 2.	Supprimer les mots : *industriels, commerciaux et agricoles.*	Il y aurait lieu de supprimer les mots «industriels, commerciaux et agricoles» Voir rapport.
3. — Ils peuvent se constituer librement sans l'autorisation du Gouvernement.	Loi du 21 mars 1884, art. 2, *in fine.*		
4. Les fondateurs de tout syndicat professionnel *doivent* déposer les statuts et les noms de ceux qui, à un titre quelconque, sont chargés de l'administration ou de la direction. Ce dépôt *doit avoir* lieu à la mairie de la localité où le syndicat est établi, et, à Paris à la Préfecture de la Seine. Ce dépôt *doit être* renouvelé à chaque changement de la direction ou des statuts. Communication des statuts *doit être* donnée par le maire ou par le préfet de la Seine au Procureur de la République.	Loi du 21 mars 1884, art. 4, § 1, 2, 3, 4.		

NOTA. — Les articles ou les parties d'articles qui ne reproduisent pas littéralement un texte en vigueur sont signalés par des caractères italiques.

TEXTE CODIFIÉ.	LOIS en VIGUEUR.	MODIFICATIONS PROPOSÉES subsidiairement.	OBSERVATIONS.
5. — Les membres de tout syndicat professionnel chargés de l'administration ou de la direction de ce syndicat *doivent* être Français et jouir de leurs droits civils.	Loi du 21 mars 1884, art. 4, § 5.		Le paragraphe 5 de l'article 4 de la loi du 21 mars 1884 édicte des prescriptions très différentes par leur nature de celles contenues dans les paragraphes 1 à 4 : ceux-ci énumèrent des formalités à remplir. L'article 5 de la loi du 21 mars 1884 est repris plus loin. (V. art. 9).
6. — Les syndicats professionnels *ont* le droit d'ester en justice. Ils *peuvent* employer les sommes provenant des cotisations. Toutefois ils *ne peuvent* acquérir d'autres immeubles que ceux qui *sont* nécessaires à leurs réunions, à leurs bibliothèques et à des cours d'instruction professionnelle.	Loi du 21 mars 1884, art. 6, § 1, 2, 3.		On a supprimé au paragraphe 1er les mots *de patrons et d'ouvriers* parce que tous les syndicats professionnels régulièrement constitués, et non pas ceux seulement *de patrons et d'ouvriers* doivent jouir et jouissent de la personnalité civile.
7. — *Ils peuvent* accomplir tous actes conformes à l'objet de leur institution tel qu'il est défini à l'article 2 et notamment : Ils *peuvent*, en se conformant aux dispositions du titre VI du Livre Ier, constituer entre leurs membres des caisses spéciales de secours mutuels et de retraite. Ils *peuvent* librement créer et administrer des offices de renseignements pour les offres et les demandes de travail, *dans les conditions déterminées par le titre IV du Livre Ier*. Ils *peuvent* être consultés sur tous les différends et toutes les questions se rattachant à leur spécialité. Dans les affaires contentieuses, les avis du syndicat *sont* tenus à la disposition des parties qui *peuvent* en prendre communication et copie.	Loi du 21 mars 1884, art. 6, § 4, 5, 6, 7. texte modifié.		Les modifications introduites résultent des lois du 1er avril 1898 sur les sociétés de secours mutuels et du 14 mars 1904 sur le placement des ouvriers, employés et domestiques (V. rapport sur le Livre III). Elles ne comportent aucun changement de fond à la législation en vigueur.
8. — Tout membre d'un syndicat professionnel peut se retirer à tout instant de l'association, nonobstant toute clause contraire, mais sans préjudice du droit pour le syndicat de réclamer la cotisation de l'année courante.	Loi du 21 mars 1884, art. 7.		

TEXTE CODIFIÉ.	LOIS en vigueur.	MODIFICATIONS proposées subsidiairement.	OBSERVATIONS.
Toute personne qui se retire d'un syndicat conserve le droit d'être membre des sociétés de secours mutuels et de pensions de retraite pour la vieillesse à l'actif desquelles elle a contribué par des cotisations ou versements de fonds.			
9. — Les syndicats professionnels régulièrement constitués, d'après les prescriptions du présent titre, *peuvent* librement se concerter pour l'étude et la défense de leurs intérêts économiques, industriels, commerciaux et agricoles. Ces unions *doivent* faire connaître, conformément au deuxième paragraphe de l'article 4, les noms des syndicats qui les composent. Elles ne *peuvent* posséder aucun immeuble ni ester en justice.	Loi du 21 mars 1884, art. 5. Le paragraphe 2 est modifié.	Supprimer les mots «industriels, commerciaux et agricoles» et laisser seulement économiques comme à l'article 2.	Les droits des unions doivent être énumérés après ceux des syndicats et non pas avant comme le fait la loi du 21 mars 1884. Le texte proposé à titre subsidiaire en troisième colonne pour le deuxième paragraphe se substituerait à un texte ambigu dont le sens est très douteux.
10. — Lorsque les biens *ont* été acquis contrairement aux dispositions des articles *6 et 9* la nullité de l'acquisition ou de la libéralité peut être demandée par le Procureur de la République ou par les intéressés. Dans le cas d'acquisition à titre onéreux, les immeubles *doivent* être vendus et le prix en *être* déposé à la Caisse de l'association. Dans le cas de libéralité, les biens font retour aux disposants ou à leurs héritiers ou ayants cause.	Loi du 21 mars 1884, art. 8.		

<h2 style="text-align:center">TITRE III. — Des Bourses du travail.</h2>

TEXTE CODIFIÉ.	LOIS en vigueur.	MODIFICATIONS proposées subsidiairement.	OBSERVATIONS.
	Aucune disposition légale spéciale.		Il n'existe actuellement qu'un décret pour la Bourse du travail de Paris et des instructions du Ministre de l'Intérieur relatives au contrôle de l'emploi des subventions.

TEXTE CODIFIÉ.	LOIS en VIGUEUR.	MODIFICATIONS PROPOSÉES subsidiairement.	OBSERVATIONS.

TITRE IV. — Des sociétés ouvrières de production.

CHAPITRE Ier. — DE LA DÉFINITION, DE LA FORMATION ET DES DROITS DES SOCIÉTÉS OUVRIÈRES DE PRODUCTION.

| | Aucune loi votée. | | Ces sociétés sont actuellement établies en conformité de l'article 19 du Code de commerce ou de la loi du 24 juillet 1867. Un projet de loi les concernant spécialement est pendant devant le Sénat. |

CHAPITRE II. — DE L'ADMISSION DES SOCIÉTÉS OUVRIÈRES DE PRODUCTION AUX MARCHÉS DE TRAVAUX ET DE FOURNITURES À PASSER POUR LE COMPTE DE L'ÉTAT, DES DÉPARTEMENTS ET DES COMMUNES.

| 11. — Les adjudications et marchés de gré à gré passés au nom de l'État, des *départements et des communes* sont, autant que possible, divisés en plusieurs lots, selon l'importance des travaux ou des fournitures, ou en tenant compte de la nature des professions intéressées. Dans le cas où tous les lots ne seraient pas adjugés, l'Administration aura la facilité soit de traiter à l'amiable pour les lots non adjugés, soit de remettre en adjudication l'ensemble de l'entreprise ou les lots non adjugés, en les groupant s'il y a lieu. | Loi du 29 juillet 1893 et décret du 4 juin 1888, art. 1er. | | La loi du 29 juillet 1893 est ainsi conçue : Art. 1er. — Les associations d'ouvriers français sont admises aux adjudications des travaux communaux dans les conditions déterminées par le décret du 4 juin 1848 relative à la participation des sociétés françaises d'ouvriers aux adjudications et marchés passés au nom de l'État. |
| 12. — Les sociétés d'ouvriers français constituées dans l'une des formes prévues par l'article 19 du Code de commerce ou par la loi du 24 juillet 1867, peuvent soumissionner dans les conditions ci-après déterminées, les travaux ou fournitures faisant l'objet des adjudications de l'État, des *départements et des communes*. Des marchés de gré à gré peuvent également être passés entre ces sociétés pour les travaux ou fournitures dont la dépense totale n'excède pas 20,000 francs. | Loi du 29 juillet 1893 et décret du 4 juin 1888, art. 2. | | |

TEXTE CODIFIÉ.	LOIS en VIGUEUR.	MODIFICATIONS PROPOSÉES subsidiairement.	OBSERVATIONS.
13. — Pour être admises à soumissionner, soit par voie d'adjudication publique, soit par voie de marché de gré à gré, les entreprises de travaux publics ou de fournitures, les sociétés *doivent* préalablement produire : 1° La liste nominative de leurs membres; 2° L'acte de société; 3° Des certificats de capacité délivrés aux gérants, administrateurs ou autres associés spécialement délégués pour diriger l'exécution des travaux ou fournitures qui font l'objet du marché et assister aux opérations destinées à constater des quantités d'ouvrages effectués ou de fournitures livrées. Les sociétés *doivent* indiquer en outre le nombre minimum des sociétaires qu'elles s'engagent à employer à l'exécution du marché. En cas d'adjudication, les pièces justificatives exigées par le présent article *doivent* être produites dix jours au moins avant celui de l'adjudication.	Loi du 29 juillet 1893. Décret du 4 juin 1888, art. 3.		
14. — Les sociétés d'ouvriers sont dispensées de fournir un cautionnement lorsque le montant prévu des travaux ou fournitures faisant l'objet du marché ne dépasse pas 50,000 francs.	Loi du 29 juillet 1893 et décret du 4 juin 1888, art. 4.		
15. — A égalité de rabais entre une soumission d'entrepreneurs ou de fournisseurs et une soumission de sociétés d'ouvriers, cette dernière est préférée. Dans le cas où plusieurs sociétés d'ouvriers *auraient offert* le même rabais, il *est* procédé à une réadjudication entre ces sociétés sur de nouvelles soumissions. * Si les sociétés se *refusent* à faire de nouvelles offres ou si les nouveaux rabais ne *diffèrent* pas, le sort *en décide*.	Loi du 29 juillet 1893 et décret du 4 juin 1888, art. 5.		
16. — Des acomptes sur les ouvrages exécutés ou les fournitures livrées sont payés tous les quinze jours aux sociétés d'ouvriers, sauf les retenues prévues par le cahier des charges.	Loi du 29 juillet 1893 et décret du 4 juin 1888, art. 6.		

TEXTE CODIFIÉ.	LOIS en VIGUEUR.	MODIFICATIONS PROPOSÉES subsidiairement.	OBSERVATIONS.
17. — Les sociétés d'ouvriers sont soumises aux clauses et conditions générales imposées aux entrepreneurs de travaux ou fournitures par les différents départements ministériels, en tout ce qu'elles n'ont pas de contraire au présent chapitre.	Loi du 29 juillet 1893 et décret du 4 juin 1888, art. 7.		
18. — Les dispositions du présent chapitre ne sont pas applicables aux marchés ou adjudications qui concernent les travaux ou fournitures de la Guerre et de la Marine, lorsque l'application de ces dispositions paraîtra au Ministre préjudiciable aux intérêts du service.	Loi du 29 juillet 1893 et décret du 4 juin 1888, art. 8.		

TITRE V. — Des pénalités.

TEXTE CODIFIÉ.	LOIS en VIGUEUR.	MODIFICATIONS PROPOSÉES subsidiairement.	OBSERVATIONS.
19. — Sera puni d'un emprisonnement de six jours à trois ans et d'une amende de 16 francs à 3,000 francs, ou de l'une de ces deux peines seulement, quiconque à l'aide de violences, voies de faits, manœuvres frauduleuses ou menaces, aura amené ou maintenu, tenté d'amener ou de maintenir une cessation concertée de travail, dans le but de forcer la hausse ou la baisse des salaires, de porter atteinte au libre exercice de l'industrie ou du travail.	Article 414 du Code pénal.		Les articles 414 et 415 du Code pénal ne constituant pas des dispositions générales, mais des dispositions spéciales aux grèves, il a paru que leur place était marquée dans le Code en élaboration. La Commission rappelle que l'abrogation de ces articles est demandée par des propositions de lois déposées sur le bureau de la Chambre des députés et par un rapport présenté au nom de la Commission du travail de la Chambre des députés.
20. — Lorsque les faits punis par l'article précédent auront été commis par suite d'un plan concerté, les coupables pourront être mis par l'arrêt ou le jugement sous la surveillance de la haute police pendant deux ans au moins et cinq ans au plus.	Article 415 du Code pénal.		
21. — Les infractions aux articles 1, 2, 4, 5, 6, 7, 9, du Titre II sont poursuivies contre les directeurs ou administrateurs des syndicats et punis d'une amende de 16 à 20 francs. Les tribunaux peuvent, en outre, à la diligence du Pro-	Article 9 de la loi du 21 mars 1885.		Les modifications sont de pure forme.

TEXTE CODIFIÉ.	LOIS en VIGUEUR.	MODIFICATIONS PROPOSÉES subsidiairement.	OBSERVATIONS.
cureur de la République, prononcer la dissolution du syndicat et la nullité des acquisitions d'immeubles faites en violation des dispositions des articles 6 et 9. Au cas de fausses déclarations relatives aux statuts, aux noms et qualités des administrateurs ou directeurs, l'amende *peut* être portée à 500 francs.			

DISPOSITIONS TRANSITOIRES.

TEXTE CODIFIÉ.	LOIS en VIGUEUR.	MODIFICATIONS PROPOSÉES subsidiairement.	OBSERVATIONS.
22. — Restent respectivement en vigueur en Algérie et aux colonies, les lois qui y sont actuellement applicables. Des décrets rendus sur la proposition du Ministre du Commerce et des Ministres compétents peuvent déterminer les conditions d'application en Algérie et aux colonies des dispositions du présent Livre.			
23. — Est abrogée la loi du 21 mars 1884, ainsi que toutes les dispositions antérieures abrogées par elle.			

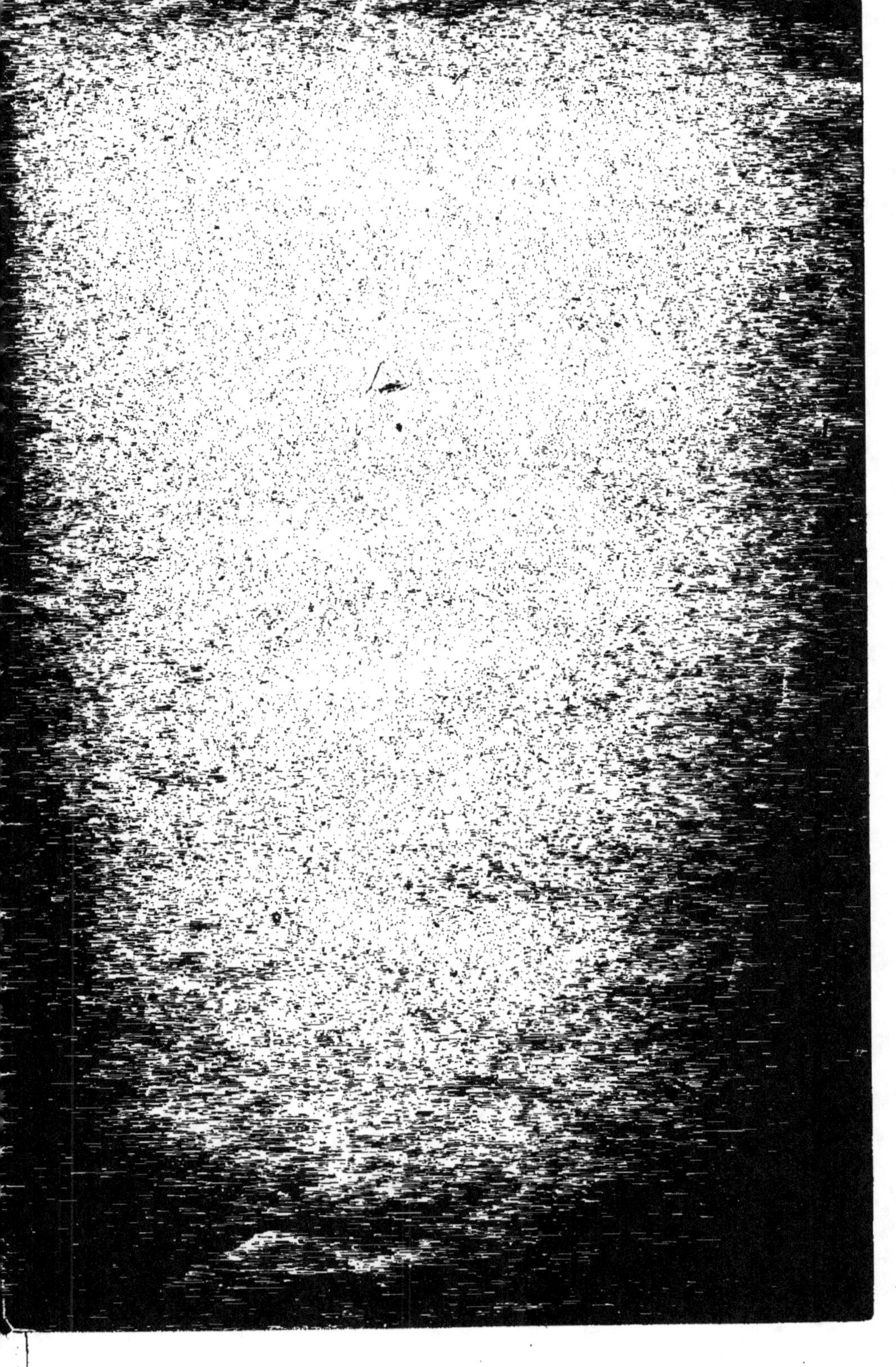